# Enciclopedia

## del

## Significato palese delle parole

# Indice

# Note alla lettura

Oltre 270 parole, oltre 270 racconti, notizie in formato giornalistico, spiegazioni scientifiche svolte, al massimo, con poche righe. Il gioco utilizza una parola composta da altre due parole tutte con un significato. Ad esempio la parola Federazione è scomponibile nelle parole fede e razione e tutte sono parole con un significato. Individuata la parola, si hanno tre possibilità: si può scrivere una breve storia, si può scrivere un breve notizia a carattere giornalistico, si può scrivere una breve spiegazione. In tutti e tre i casi però si è vincolati da alcune regole. Le parole, riferendoci all'esempio precedente, fede e razione devono essere vicine e tra loro, nel caso migliore, ci può essere solo lo spazio oppure un articolo o una preposizione articolata. Le due parole utilizzate devono avere un significato diverso da quello della parola che formano e messe insieme non devono avere lo stesso significato della parola che compongono. Questa regola porta a escludere migliaia di parole. Nel nostro esempio, fede e razione messe insieme o utilizzate insieme danno origine a un significato diverso da quello della parola federazione. Invece nel vocabolario italiano ci sono migliaia di parole le cui due parti messe insieme hanno lo stesso significato della parola che compongono. Ad esempio, le parole: agrodolce, tostapane, lavastoviglie... hanno esattamente due parti che significano come la parola composta, cioè la loro significazione abbinata non è diversa da quella della parola che compongono. Altra esclusione è quella delle parole che hanno suffissi o prefissi molto comuni nella lingua italiana e che presi da soli hanno una significazione. Ad esempio, le parole auto, foto, ara, ere... danno origine a migliaia di parole composte. Di questa categoria riportiamo solo qualche interessante esempio. Il contenuto della storia, dell'articolo o della spiegazione, può essere reale, di fantasia oppure una miscela di entrambi i casi. Importante è che abbia un senso, che sia credibile. La suddivisione delle parole è alfabetica secondo la prima lettera della parola. Troverete la parola e poi nel testo evidenziate in grassetto la parola se è stata utilizzata e le due parole che la compongono.

Il significato palese delle parole nacque anni fa su un famoso social network con il limite prima di 180 caratteri, poi di 280. In questa enciclopedia, che raccoglie e consente di conoscere parole poco comuni e leggere una storia in poche righe, abbiamo voluto estendere il limite un poco per consentire, ogni volta, di creare nel testo, una scena più o meno reale, surreale o iper reale.

Il gioco consente non solo di ampliare la propria conoscenza linguistica, ma anche di sviluppare la propria fantasia e la propria capacità di sintesi letteraria. Io, ad esempio, per la parola Arcano ho scritto una storia che è una breve rivisitazione dell'Arca di Noè, ma voi potreste scriverne una diversa oppure utilizzare lo spunto proposto e inserirlo in una vostra produzione letteraria.

Nel caso peggiore, spero di strapparvi qualche sorriso.

**Buon divertimento**

## ACCETTABILE

Nella clinica il Dottore si rivolse al paziente disteso sul letto. "Abbiamo solo questa, non abbiamo trovato altro. Secondo noi è **Accettabile.** La vuole?" Il paziente con un movimento della testa, annuì. Il Dottore si volse verso gli altri specialisti e disse: "**Accetta Bile**".

## ACCIARITO

Si definisce **Accia Rito,** nella mitologia classica, la cerimonia durante la quale si srotola una matassa di filo grezzo che splende come l'acciaio. Il filo era poi riavvolto e custodito in una stanza segreta del tempio fino alla ricorrenza dell'anno successivo.

## ACCOSTOLARE

Il pretoriano bloccò il braccio della moglie e con sguardo preoccupato le chiese: "Che fai?". La moglie intimorita mormorò: "**Accosto Lare**". "Lo sai, le statuine delle anime dei defunti devono essere lasciate in pace, non sono mica pezzi di stoffa che puoi **Accostolare** come ti pare".

## ACETOSELLA

Lo scudiero stava preparando il cavallo per la gara ippica. Pulì con l'**Aceto** la **Sella** e tutti i finimenti. Alfine, asciugato il tutto, mise una piantina di **Acetosella** in bocca al cavallo perché dicono che porti fortuna al cavaliere che lo monterà.

## ADAMITE

Le **Adamite** si riunirono in una grotta per ribadire la necessità di un ritorno cristiano alla purezza di Adamo. Partecipò anche **Ada**, **Mite** persona che con le sue parole placò gli animi in subbuglio.

## ADENOTOMIA

Gli antichi romani definivano **Ade Notomia** l'analisi particolareggiata, quasi anatomica del regno dell'oltretomba. Si narra che esistesse un libro, di proprietà dell'imperatore Domiziano, che descriveva in maniera esatta come fare, il libro era conosciuto con il nome **Adenotomia**.

## AFASIA

Secondo quanto narra la leggenda, sembra che l'espressione sia stata pronunciata dal mago Parcelsus che aveva problemi di **Afasia**, quando il re gli negò la concessione di vari appezzamenti di terreni. Il mago per vendicarsi del torto subito, lanciò la maledizione affinché inaridissero i terreni e la vita divenisse insopportabile. Davanti al re alzò il braccio e gridò: "**Afa Sia**!". Da allora ci furono sempre afa e caldo insopportabile.

## AGNOCASTO

Si definisce **Agno Casto** l'agnello ancora vergine cui i pastori pongono un ramoscello di **Agnocasto** davanti alle parti intime.

## AGNOLOTTO

È la lotteria più seguita nel nostro paese. L'**Agno Lotto** si svolge ogni sabato sera. Ci sono novanta agnelli su cui puntare. Viene estratto un agnello a caso e colui che ha puntato su quell'agnello vince il premio in palio. Di solito il premio consiste in un **Agnolotto** gigante del peso di 1 kg.

## ALCALINO

"Vorrei un **Alca** di **Lino** ", "Mi dispiace ce l'ho solo di cotone", "Si sono belli anche questi di cotone, sembrano proprio l'uccello mentre si tuffa in acqua, ma io cercavo uno di lino".

## ALEATORIO

In tutti i laboratori c'è un cartello con scritto **Alea Torio** per avvertire che c'è un rischio concreto a entrare in contatto con questo elemento. Molti sostengono che il rischio è **Aleatorio**, imprevedibile e affidato al caso.

## ALLUNGAMENTO

I dottori dei primi dell'ottocento usavano questo incredibile strumento con i pazienti che avevano problemi estetici. "Qui ci vuole l'**Allunga Mento**!"

esclamavano all'esterrefatto cliente che dopo aver visto il macchinario, rinunciava all'intervento.

## ALMAGESTO

Gli astronomi poeti definiscono **Alma Gesto** come l'atteggiamento dell'anima tesa a ritrovare la sua dimensione siderale nell'ergonomia del cosmo. Sono stati scritti molti trattati in merito e sono stati definiti **Almagesti.**

## ALTRONDE

D'**Altronde** che poteva fare il sindaco dopo le energiche proteste dei cittadini? Ha potuto dare un energico **Alt** alle **Ronde** private che la notte ispezionavano parchi e giardini.

## AMOROSE

Il giardiniere accompagnava il visitatore lungo i vialetti e questo stupito notò l'abbondanza di piante di rose. "Si è vero **Amo** le **Rose** perché sono piante **Amorose**, però mi piacciono anche le margherite".

## ANNAMITI

**Anna** ha dei **Miti** e finalmente quest'anno potrà conoscere il popolo che nella sua fantasia ha mitizzato. Infatti, farà un viaggio nella regione dell'Annam e conoscerà gli **Annamiti**.

## ANNODANTE

Le autorità hanno previsto manifestazioni e iniziative speciali perché si festeggia l'**Anno** di **Dante**.

## ANODICA VALLE

Quando informarono il veterinario, questo rimase stupito ed esclamò: "Davvero il virus ha colpito l'**Ano Di Cavalle**?". "L'unica cura, secondo me, è portarle via da questa **Anodica Valle**".

## ANOETICO

Si definisce **Ano Etico**, quell'ano che conduce una vita moralmente sana senza alcun legame di carattere delinquenziale e ambiguo.

## ANTECEDENTI e ANTEPORRE

Ho contattato il mio falegname di fiducia per riparare quelle **Ante Cedenti** delle finestre. Vista la situazione, il falegname ha detto che bisogna nuove **Ante Porre** al posto di quelle vecchie.

## APPIANATURA

A Roma sulla via **Appia** la **Natura** è variegata, anche se ultimamente il profilare di edifici in cemento sta relegando gli spazi per il suo sviluppo. Il sindaco ha detto che ci vuole un'**Appianatura** delle regole che impediscono la demolizione di queste strutture abusive megalitiche.

## ARCANO

Quando Dio si rivolse a Noè, questo disse subito: "Signore, so già tutto, ho letto il racconto biblico, devo costruire un'arca per mettere in salvo le specie animali dal diluvio universale". Dio rispose come uno schioccare di tuono: "**Arca No!**". Noè stupito farfugliò: "Ma Signore perché l'arca no?". Il Signore sorridendo rispose: "Questo è un motivo **Arcano**".

## ARCOBALENO

Si narra che Giove regalò a Diana un **Arco Baleno** per le sue battute di caccia. L'arco era molto speciale, infatti, le frecce scagliate arrivavano sulla preda in un baleno lasciando dietro una scia luminosa di tutti i colori più belli.

## ARMADIO

L'**Arma** di **Dio** con cui il bene sconfiggerà il male è nascosta, ma nessuno sa bene dove. Recentemente un noto teologo ha sostenuto un'ipotesi sconcertante e cioè che ognuno di noi ha casa ha almeno un'**Arma Dio**.

## ARTEFARE e ARTEFATTO

L'**Arte** è **Fare** un oggetto di **Arte Fatto** a regola d'arte oppure **Artefare** un prodotto artistico affinché l'**Artefatto** sia scambiato per un oggetto artistico?

## ARTICOLARE

Al tempo degli antichi romani era definito **Artico Lare**, lo spirito del defunto che viveva nelle case degli eschimesi.

## ASSOCIATO

C'era disegnato un **Asso** sul **Ciato** a forma di mestolo con cui l'oste attingeva vino. Porse il vino all'ospite e disse: "Questo vino va **Associato** a un buon salame".

## ATROFICO

Si definisce **Atro Fico** quel fico nero orrido, orribile da vedersi. Solitamente i coltivatori, durante la raccolta separano l'**Atro Fico** dagli altri fichi.

## BACIAPILE

Il commesso del negozio rimase esterrefatto quando il cliente dopo aver pagato portò le pile vicino alla bocca. "Ma che fa?! **Bacia Pile**! Incredibile!"

## BARACANE

Gli voleva così bene che, quando morì, lo mise in una **Bara**, il **Cane**. Gli fece anche un suntuoso funerale e la bara sfilò coperta da un pregiato **Baracane**.

## BARACCONE

Il **Bar Accone** si trova al porto ed è frequentato dai marinai e dai privati che hanno ormeggiato lì quel tipo d'imbarcazione.

## BARAONDA

La **Bara** sull'**Onda** viaggiava verso la spiaggia sotto gli sguardi attoniti dei convenuti al funerale che stavano sul panfilo. La bara era caduta in acqua dopo che quell'onda anomala aveva investito l'imbarcazione. La bara raggiunse la spiaggia affollata di villeggianti provocando scompiglio che presto divenne una vera e propria **Baraonda**.

## BARBACANE

La leggenda racconta che il principe aveva una muta di cani cui cresceva in maniera esagerata la barba. Un giorno decise di non buttare i peli rasati ai cani e di metterli da parte. Gli venne l'idea di far rasare tutti i cani del regno e di raccogliere tutti i peli. Ben presto davanti alle mura del castello ci fu una montagna di peli di **Barba Cane**. L'ingegnoso principe utilizzò quell'enorme quantità di peli per costruire un terrapieno di rinforzo alle mura. Da allora questo tipo di rinforzo si chiama **Barbacane**.

## BARBARICINO

La scoperta è di qualche giorno fa. Gli scienziati affermano che versare ricino sulla barba stimoli notevolmente la crescita a tal punto che in pochi giorni si possono ottenere barbe folte e fluenti. Lo scienziato che ha fatto la scoperta vive in Barbagia in Sardegna e ha chiamato la portentosa lozione **Barbaricino**.

## BARBARI

Il **Bar** dei **Bari** è in angusto vicolo nelle vicinanze della stazione. Ci sono stato l'altra sera, ma non mi sono azzardato neppure a sedermi per un Tresette figuriamoci per un Poker. Mi sentivo a disagio, così ho preso un caffè e sono uscito subito.

## BENEVOLO

"Ti prego, sii **Benevolo**, lo vedi **Bene Volo**, rilasciami il brevetto da pilota, ne ho bisogno, altrimenti non posso lavorare".

## BESTINO

È chiamato **Bes Tino**, il tino che misura esattamente un chilogrammo-massa ed emana un odore sgradevole. È usato come unità di misura per gli scambi internazionali di vino.

## BIGAMIA

"Certo che la **Biga** è **Mia**! L'ho pagata io! Quindi ci scorrazzo come mi pare con le mie due mogli".

## BIPALA

Si chiama **Bip Ala**, il suono emesso dalle luci di posizione dell'ala dell'aereo del tipo **Bipala**.

## BISCAZZARE

È senz'altro pericoloso **Bis Cazzare,** addirittura due volte in una bisca. Evitate di tendere al massimo un cavo quando siete in una bisca perché potrebbe spezzarsi con effetti e reazioni pericolose.

## BITEMATICO

Strabiliante invenzione. La notizia ha fatto il giro del mondo. È stato inventato un **Bit Ematico**. La nuova scheda madre dei computer avrà i bit a base di sangue. Innumerevoli le cose che potrà fare questo nuovo computer, tra le tante ipotizzate anche quella di un componimento musicale di tipo **Bitematico**.

## BOLOMETRO

Il **Bolo Metro** è l'unità di misura del bolo masticato che propaga un'energia elettromagnetica intorno.

## BORDATINO

Nelle galee romane usavano una vela fatta di cotone a piccole righe che era avvolta intorno al tino. Il capitano dalla plancia gridava ai marinai: "**Borda Tino!**" e tutti i marinai correvano a calare le vele e avvolgerle intorno al tino.

## BORSALINO

Il **Borsalino** ha l'apparenza di un cappello di feltro con tesa e nastrino, ma in realtà è una **Borsa** di **Lino.**

## BOTRIOCEFALO

Il **Botrio Cefalo** è un verme letterario che attacca le parole composte con il termine cefalo nella prima parte, cioè nel Botrio.

## BOTTARGA

Il Ministero quest'anno ha lanciato una strepitosa iniziativa: a tutti coloro che sottoscriveranno dei Bot, sarà regalata una targa. La **Bot Targa** avrà un disegno di un muggine con scritto sotto Grazie.

## BOTTEGAIA

Botte felice o **Botte Gaia** è quella botte, secondo gli osti, che è sempre piena di vino.

## BROCCOLETTO

Nei moderni centri di equitazione si è trovato il modo di trasformare un cavallo brocco in uno da corsa. Si è inventato il **Brocco Letto** su cui l'animale riposa tutto il giorno. Di mattino, gli danno da mangiare un **Broccoletto**. La cura dura due mesi. Pare che funziona.

## BRUSCOLINO

Il **Bruscolino** è il seme che cade con lo scossone **Brusco** del **Lino** quando la pianta è matura.

## BUCATINI

Il **Buca Tini** è un insetto che pratica grossi fori nei tini perché si nutre del legno di cui è ghiotto. L'attività dell'insetto causa grosse perdite di vino e i produttori hanno pensato di limitare le perdite otturando i fori praticati con dei **Bucatini**.

## BUSSOLE

È stato definito **Bus** del **Sole** perché il tragitto che compie da capolinea a capolinea non c'è neppure una zona d'ombra. Il bus è equipaggiato con **Bussole** molto precise che gli consentono di mantenere la giusta direzione.

## CALAFATATO

I vichinghi definivano **Cala Fatato** un fasciame di legname che, dopo esser stato calato nel fiume sacro a Odino, era diventato impermeabile. I vichinghi poi usavano questi legnami per costruire navi invincibili. Tipica era la risposta al mastro che chiedeva quale legno usare: "Usa il **Cala Fatato**".

## CALCIATORI

Non aveva capito bene il gioco e cominciò a calciare i tori invece della palla. I tori lo rincorsero infuriati per tutto lo stadio sotto gli sguardi increduli dei tifosi che urlavano: "**Calcia i Tori!**".

## CALCOLABILE

Nel passato, era definito **Calco Labile**, il calco di gesso che una volta riempito tendeva, man mano che il liquido si raffreddava, a sciogliersi lasciando libera la forma contenuta. Il tempo di disgregazione era facilmente **Calcolabile.**

## CALEPINO

L'uomo prese in mano il **Calepino**, lo sfogliò un poco e poi decise di salvarlo dal rogo che gli esaltati stavano organizzando fuori dalla biblioteca. Si avviò verso un pino e giunto sotto le fronde del maestoso albero, scavò una buca e vi depose il **Calepino**. Pensò: " A me **Cale** sia **Pino** sia il **Calepino**".

## CALLIGRAFO

È una nuova forma di street art che consiste nel realizzare grafi strofinando i calli sul muro.

La pratica è assai dolorosa. Il **Calli Grafo** recentemente è stato oggetto di discussione in un convegno internazionale di estetisti.

## CALOSOMA

"Ehi, quella povera bestia arranca, ma non vedi che non ce la fa più a portare quell'enorme sacco!" "Va beh adesso **Calo Soma** così riposa". L'uomo tirò giù l'enorme soma dall'asino. L'amico si avvicinò incuriosito all'enorme sacco e chiese: "Ma cosa c'è lì dentro di tanto pesante?" "C'è un enorme **Calosoma**".

## CAMBIALI

Icaro aveva le ali di cera tutte squagliate dal sole e così decise di comprarne di nuove. Purtroppo costavano tanto e fu costretto a firmare delle **Cambiali**. Un amico che passava di lì lo vide mentre comprava le nuove ali e lo apostrofò così: "Ehi Icaro, **Cambi Ali?**"

## CANIZIE

Nel profondo della notte, i **Cani** delle **Zie** cominciarono ad abbaiare perché un uomo con evidenti **Canizie** si era furtivamente introdotto nel giardino.

## CAPOSALDO

L'ho tenuto per mesi in vetrina, ma nessuno l'ha comprato. Allora ho messo il **Capo** a **Saldo** sperando che qualcuno lo acquistasse. Il periodo dei saldi è un punto di riferimento per ogni commerciante, oserei dire un **Caposaldo**.

## CAPROLATTAME

Pochi sanno che gli antichi avevano già scoperto il lattame e che il rito del capro espiatorio era condotto su una forma di capro fatta col **Caprolattame**. Il rito si svolgeva nel modo seguente. L'officiante intimava: "Prendete il **Capro Lattame**", quando il capro era ai suoi piedi con un affilato coltello sgozzava il **Caprolattame** a forma di capro.

## CARNEADE

Nei trattati antichi sull'oltretomba si parla del cibo dato ai dannati chiamato **Carne** dell'**Ade**. La caratteristica di questa carne era che proveniva da un'identità sconosciuta denominata **Carneade**. Per quanta carne, il demonio, tagliasse a **Carneade**, tanta ne ricresceva. Oggi c'è un modo di denominare una persona che soffre all'infinito e che la sua identità è sconosciuta. Tipica la frase: "**Carneade** chi era costui?".

## CAROLARE

Gli antichi romani iniziavano la preghiera rivolta allo spirito del defunto protettore della casa con l'espressione **Caro Lare**. Poi cominciavano a **Carolare** per tutta la casa mentre danzavano in maniera frenetica.

## CASTANEO

È il neo che gli appartenenti alla casta si disegnano sulla guancia per distinguersi dalla plebe.

Il **Casta Neo** è di solito di colore **Castaneo.**

## CASTOREO

Il **Casto Reo** fu portato davanti al direttore della prigione per ricevere i complimenti ufficiali per la sua condotta durante la detenzione. Quando fu di fronte al direttore, questo si tappò il naso con la mano ed esclamò: "Madonna mia! Ma da quanto è che non ti lavi? Che puzza! Sembra che ti sei fatto un bagno nel **Castoreo**!".

## CATTANEO

Il **Catta Neo** è quel neo che distingue le proscimmie del Madagascar dalle comuni scimmie presenti. Ognuno di queste scimmie possiede un castello ed è un **Cattaneo** della grande scimmia della regione.

## CAVATINA

Nella **Cava** di **Tina**, durante il lavoro, si fanno delle recitazioni che si concludono con una **Cavatina** stupenda.

## CENSIMENTI

Con il termine **Censi Menti** si definiscono le classi economiche cui appartengono i vari menti. Abbiamo così il mento proletario, il mento borghese, il mento clericale... Periodicamente si fanno dei **Censimenti** per conoscere il numero esatto di ogni tipo di mento.

## CENTAURICO

È stato immesso in circolazione il **Cent Aurico**. La moneta su una faccia ha il rilievo di un centauro e sulla faccia opposta il disegno di un veicolo **Centaurico**.

## CERASELLA

Bisogna dare la **Cera** sulla **Sella** frequentemente affinché si mantenga in buone condizioni. In Abruzzo dopo aver compiuto quest'operazione, cospargono la sella di liquore sciropposo detto **Cerasella**.

## CERAZIO

Mio zio produce la cera estraendola da alghe monocellulari del genere **Cerazio**. La **Cera** di **Zio** è esportata anche all'estero dove è molto apprezzata.

## CERCINATURA

Il **Cerci** per **Natura** si sviluppa nella **Cercinatura** degli alberi. Quando l'addome è completo, l'insetto spicca il volo per la prima volta.

## CHELATO

L'amico cercava di catturare un granchio prendendolo a mani nude. "Attento non prenderlo da quel lato ti può pizzicare! Prendilo dall'altro" "**Che Lato**?"

## CHERUBINO

L'uomo s'inginocchiò davanti alla donna con l'intenzione di chiederle di sposarlo. Le porse una scatoletta che lei lentamente aprì. "Ti piace, è per il nostro futuro paradiso". Lei stupita esclamò: " Madonna **Che Rubino!**".

## CIOCCOLATINO

Si definisce **Ciocco Latino** quel pezzo di tronco di origine latina dal sapore dolce e dal colore marrone scuro.  Qualche anno fa un imprenditore ha avuto l'idea di tagliare il ciocco in tanti piccoli pezzetti e di incantarli nella carta stagnola. Li ha messi in vendita come dolce da asporto e il successo è stato travolgente. L'imprenditore ha chiamato il nuovo dolce **Cioccolatino.**

## CIRCOSTANZA

Nel **Circo** la **Stanza** del direttore è sempre posta in un luogo poco accessibile dal pubblico. Mi ci sono ritrovato senza volerlo per una strana **Circostanza.**

## CISTICERCO

L'annuncio **Cisti Cerco** messo da un medico su tutti i giornali della nazione, ha sollevato un mare di polemiche sia tra la gente comune sia nell'ambiente medico. Un giornalista dopo una lunga indagine è riuscito a scoprire che il medico è ammalato, ha un **Cisticerco** nell'intestino e che le cisti gli servono per creare un antidoto.

## COCCODRILLO

Il **Cocco Drillo** è una varietà di cocco che è il cibo preferito dal drillo. Il drillo raccoglie il cocco caduto a terra, ma rischia molto perché c'è sempre in agguato un **Coccodrillo**.

## COLLETTO

L'uomo si aggiustò il **Colletto** della camicia e ribadì decisamente all'agente immobiliare la sua convinzione: " Lei non capisce o fa finta di non capire! Io non cerco una casa come questa. Io cerco una casa **Col Letto**."

## CONCLAVE

Nei secoli più oscuri, questo tipo di riunioni erano molto agitate e i partecipanti giungevano **Con Clave** per difendersi dagli oppositori. In epoca recente, anche se la denominazione della riunione è la stessa, i partecipanti non portano più le clave, preferiscono imporsi in altri modi meno eclatanti.

## CONDITO

Dopo aver **Condito** il minestrone, affinché si sciolga il sale, lo mescolo **Con** il **Dito**.

## CONTURBANTE

Aveva un volto sconvolgente, **Conturbante**, anche se parzialmente coperto **Con Turbante**. Quando si è tolto il turbante, sono rimasto inorridito.

## CORPORAZIONE

La **Corpo Razione** è la quantità di cibo necessaria al corpo per mantenersi in salute. Si narra che durante la guerra del 15-18, i soldati in trincea non avessero la **Corpo Razione** sufficiente e che pativano la fame. Finita la guerra, i soldati superstiti si associarono in una **Corporazione** con l'obiettivo che nessuno mai più patisse la fame come loro.

## CORSALETTO

Quando Re Carlo tornò vincitore dalla guerra, il popolo lo accolse con festeggiamenti. Dopo le celebrazioni però non riuscì più a trattenersi e volle colmare la lunga astinenza. Prese per un braccio la regina e di **Corsa** a **Letto**. Paonazzo in volto, bramava di desiderio e cominciò a togliersi il **Corsaletto**, ma un pezzo s'incastrò, impedendogli di spogliarsi. Andò su tutte le furie e il giorno dopo proibì.

## COVALENTE

È stato dimostrato che il legame tra una gallina e il suo pulcino e di tipo **Covalente**. Infatti, sono tutte le **Cova Lente** in maniera che ci sia il tempo affinché l'embrione in formazione stabilisca un forte legame.

## COZZAVANO

Con il termine **Cozza Vano**, si definisce lo spazio dove si tengono le cozze. Ma perché ci si mettono le cozze?

## CUCCOVEGGIA

C'è una civetta che tutte le notti, travestita da **Cucco** sta sulla **Veggia** e **Cuccoveggia** senza ritegno nonostante tutti gli sforzi di cacciarla da parte dei contadini.

## CURATOLO

In Sicilia è stato assunto un **Curatolo** affinché abbia **Cura** del **Tolo** che c'è nella proprietà.

## DADOFORO

Negli scavi archeologici è stato rinvenuto un **Dado** con **Foro**. Su ognuna delle facce del dado c'era disegnato un **Dadoforo**. Gli archeologi ritengono il rinvenimento importante in quanto, anche se era noto il gioco dei dadi nell'antichità, non era mai stato trovato uno di questo genere.

## DAMASCHINO

La Dama giunse a Damasco. Nella sua nuova residenza voleva fare lavori importanti. Fece rifare il giardino e ordinò ai giardinieri di disporre le piante di Schino in modo che formassero figure di animali. Poi ogni domenica apriva il giardino alla plebe affinché ammirassero quella meraviglia. Ben presto la notizia si sparse per tutto il paese e il giardino divenne una meta famosa. Divenne tanto popolare che la gente la soprannominò la **Dama** dello **Schino**.

## DEASPIRAZIONE

La religione della **Dea Spirazione** è abbastanza complessa. In pratica l'atto della Spirazione, cioè l'atto con cui il padre e il figlio originano lo Spirito Santo, invece di generare questo genera una Dea. Questa Dea ha una caratteristica particolare: quando pronuncia le consonanti aspirate, perde l'aspirazione.

## DEGUSCIARE

La notizia apparsa su un giornale nazionale ha fatto sorridere molti. Il giornalista sosteneva di aver visto un **Degu Sciare**. Oltretutto sosteneva che il Degu mentre sciava continuava con le sue zampette a **Degusciare** le noci che aveva.

## DEMOCRISTIANO

Nell'antica Grecia si definiva **Demo Cristiano** il piccolo appezzamento in cui era diviso il territorio e che apparteneva a un cristiano. Il termine perse di forza e significato in epoca recente quando cominciarono a usarlo per scopi politici.

## DEODORARE

Il papa si avvicinò sornione al pittore che lavorava nella cappella e gli indicò la figura di un Deo e disse perentorio: "**Deo Dorare!**" "Ma Santità è bello così..." cercò di protestare il pittore che sapeva quanto puzzasse la vernice d'oro. Nulla valsero le sue rimostranze e dovette dorare la figura del Deo, ma il puzzo era talmente forte che subito dopo prese una bottiglia di lavanda e cominciò a **Deodorare** tutta la superficie.

## DIETROLOGO

Il direttore dell'agenzia pubblicitaria irruppe nell'ufficio progettazione: "Manca l'elemento più importante il logo". "Dove dobbiamo metterlo?"

"Dovete metterlo **Dietro** il **Logo**!" "Ma così dobbiamo rifare tutto il progetto" "Non m'importa, non mi frega niente di chi ha commesso l'errore, non costringetemi a essere il **Dietrologo** di questa situazione".

## DINAMITE

L'artificiere tagliò una sagoma a forma di candelotto e lo posò a terra, poi disse ai colleghi: "State lontani, questa è una **Dina Mite** finché non la toccate, ma se qualcuno la scuote, diventa vera e proprio **Dinamite!**".

## DINDIO

Gli scienziati hanno scoperto che i tacchini oltre ad avere una struttura sociale, hanno anche pratiche spirituali. Hanno definito il **Din Dio** come sistema di misura di questa tendenza religiosa. In particolar modo il **Dindio** si è rivelato incline a profonde riflessioni tra una razzolata e l'altra. Il **Din Dio** recentemente è stato ammesso nel sistema generale dei Din.

## DIPLOMAZIA

Un **Diploma** alla **Zia** dell'ambasciatore è stato conferito ad honorem. La donna commossa davanti ai giornalisti ha dichiarato che è stato necessario un lungo lavoro di **Diplomazia** per ottenere quel tanto agognato titolo.

## DURAMADRE

La **Dura** Madre come il solito fu brusca e sgarbata col figlio che non ne poteva più di quella situazione. Si era rivolto anche a un medico credendo che la donna fosse affetta da qualche forma di psicosi. Il medico escluse questa possibilità e invece ventilò l'ipotesi che il fatto fosse conseguenza dell'alterata configurazione della **Duramadre** nelle meningi.

## ECCLESIASTICO

Si definiva **Ecclesia Stico** il rigo d'intestazione che era scritto dal segretario all'apertura di un'assemblea nell'antica Grecia. A volte lo Stico era scritto da un **Ecclesiastico**.

## ELEOMELE

Nell'Elide crescono delle mele buonissime con una fragranza particolare. Questo tipo di mele sono esportate in tutto il mondo con il nome di **Eleo Mele**. Recentemente un imprenditore greco ha avuto l'idea di lavorare le mele e ricavarne uno sciroppo che ha immesso in commercio con il nome di **Eleomele**.

## ELIOFILO

La notizia è rimbalzata su tutti i giornali del mondo. Gli scienziati sono riusciti a creare un filo invisibile che hanno chiamato **Elio Filo**. Infatti, il filo è fatto con elio. Alla conferenza stampa di presentazione, gli scienziati hanno dichiarato che l'elio utilizzato è estratto da una pianta affetta da eliofilia.

## EPANODO

Si definisce **Epa Nodo** quel groviglio di grasso che si forma sulle pance degli obesi in seguito a torsione quotidiana dei tessuti. L'Epa Nodo può assumere forme e consistenze particolari, famoso è quello in cui l'ultimo groviglio si ripete su tutta la pancia. In questo caso i medici lo definiscono, parafrasando la letteratura, **Epanodo**.

## EPIZOOZIA

Era soprannominata **Epizoo Zia**, la zia che aveva l'abitudine di abbarbicarsi alle persone e di non staccarsene se non strattonata con forza. Nonostante questo vizio era ben voluta e dispiacque molto a tutti quando si ammalò di **Epizoozia**.

## EQUINOZIO

Era soprannominato **Equino Zio** dai nipoti perché aveva il muso allungato come quello di un cavallo. Oltretutto nelle notti di **Equinozio** nitriva e scalciava proprio come un cavallo. I medici stanno tentando una nuova cura, ma finora i risultati sono scarsi.

## EROSIONE

I medici dell'ospedale per combattere l'**Erosione** progressiva delle prestazioni sessuali dovute all'invecchiamento, hanno messo a punto l'**Eros Ione**.

È uno Ione particolare che una volta iniettato nell'organismo stimola la produzione di ormoni e si accoppia con vari elementi producendo afrodisiaci naturali.

## ESSENO

Nel profondo della grotta, si discuteva del nuovo messia che stava sconvolgendo il mondo. A un certo punto entrò un gruppo di donne che volevano dire all'assemblea le loro ragioni. Il capo **Esseno** si alzò in piedi e gridò: "Sono donne! Qui possono stare solo gli uomini! **Esse No**!" e le fece cacciare.

## ESTORTO

Rispetto alla città, si trova a **Est** l'**Orto** che gli strozzini hanno **Estorto** al povero contadino che ora è costretto a lavorare nelle terre del latifondista.

## EVADENTE

L'archeologo, assediato dai giornalisti che lo tempestavano di domande, tenne un comportamento **Evadente**. Tutti volevano sapere se davvero durante lo scavo fosse stato trovato di **Eva** un **Dente**.

## EVOLUTO

L'**Evo** del **Luto** è il medioevo durante il quale si cominciarono a otturare i fori con un impasto di fango. Da allora il sistema si è **Evoluto** e si è adottato un impasto di argilla e fango.

## EXTRAVERGINE

Quando nei conventi medievali arrivava una novizia, la badessa sottoponeva la poveretta a un esame scrupoloso e solo se era dichiarata **Extra Vergine** veniva accettata nella comunità. Durante il rito d'iniziazione la donna era cosparsa di olio **Extravergine**.

## FABBRICANTI

Nella valle si rimbalzavano, dei **Fabbri**, i **Canti**. Bellissimi, dolci, crearono un'atmosfera serena.

Però poi si fecero forti e decisi, accompagnati dal suono dell'incudine e del martello perché erano rivolti ai **Fabbricanti**.

## FALSOBRACCIO

La polizia portuale ha arrestato un tipo sospetto che andava in giro con un **Falso Braccio** sotto l'ascella. Il tizio ha improvvisato una giustificazione dicendo che il **Falsobraccio** gli serviva per ormeggiare la nave in arrivo.

## FAMIGLIA

La **Famiglia** vive a parecchi chilometri di distanza dal paese. Ogni giorno **Fa Miglia** e miglia per raggiungere il paese. I genitori e i figli amano camminare quindi fanno il tragitto di andata e ritorno a piedi.

## FATALISTA

Quella fata non era certo **Fatalista**, anzi per essere sicura che le sue magie benefiche arrivassero a chi le aveva meritate, aveva compilato una **Fata Lista** con i nomi delle persone.

## FAUNO

Il Fauno rispose sicuro di se: "Certo che **Fa Uno**! Avevate forse dei dubbi?"

## FAVORITO

Le api, ogni giorno, fanno nel loro **Favo** un **Rito**. Puliscono la cella dell'ape regina e poi portano il **Favorito** della regina al suo cospetto. Infine si levano fuori tutte in volo lasciando la regina col **Favorito**.

## FEDERAZIONE

Nell'ottocento nacque la prima **Federazione** per l'impegno di un frate francescano. L'organizzazione, aperta a tutti, ogni giorno dispensava gratuitamente della **Fede** la **Razione** necessaria a ognuno.

## FENDENTE

In Cina si chiama **Fen Dente** l'importo che bisogna pagare per le cure odontoiatriche per ogni singolo dente. Il dottore quando non ha altre alternative, assesta un preciso Fendente sulla gengiva che fa cadere il dente. Poi si fa pagare in **Fen**.

## FINESTRATO

Affinché si mantenga inalterato, il fronte **Finestrato** di un palazzo deve essere ricoperto da un **Fine Strato** che impedisce alle emissioni tossiche delle automobili di attaccarsi alla superficie.

## FIRMAMENTO

Non capisco questa moda che 'è tra i giovani di fare la **Firma** sul **Mento**, non la capisco proprio. Oltretutto alcuni sopra la firma si fanno tatuare un **Firmamento**.

## FITTAVOLO

Al pilota prese una dolorosa **Fitta** in **Volo**, era talmente acuta che ha dovuto fare un atterraggio di emergenza in un terreno coltivato. Il pilota è stato soccorso dal **Fittavolo** del terreno.

## FONDACO

Nel medioevo, nell'attuale Dacia, dopo aver costruito un **Fondaco**, si dava un **Fon** a ogni **Daco** che asciugava una parte dell'edificio.

## FONOLITE

Si definisce **Fono Lite** quel litigio dove il tafferuglio è accompagnato da emissioni sonore di parole composte. La lite si conclude con il lancio di un **Fonolite** da parte di ogni partecipante.

## FORANEO

Il **Foraneo** ha avuto l'incarico da parte del Vescovo di attivare un servizio gratuito per far più belli i parrocchiani non solo nello spirito, ma anche nel corpo. Dal prossimo mese il parroco esorcizzerà con l'antica formula: "**Fora Neo**". Il mondo della scienza però non crede che con queste semplici parole il neo uscirà fuori.

## FORASACCO

Il mondo dell'agricoltura sta impazzendo per risolvere il problema di trasportare il **Forasacco**. Infatti, il contadino dopo averla raccolta la mette in un sacco, ma questa **Fora** il **Sacco** e durante il trasporto e cade a terra.

## FUCILE

**Fu Cile**, almeno finché l'esperimento democratico di Salvator Allende non fu fermato col **Fucile**...

## FUMARE

**Fu Mare**, adesso è una distesa di petrolio quindi state attenti a **Fumare** nelle vicinanze, potrebbe esplodere tutto.

## GABBIANO

"Dove lo metto il **Gabbiano**?"

"Nella **Gabbia No!**"

## GALAGONE

Quando l'accelerazione è di un **Gal**, l'**Agone** si trasforma in un **Galagone**.

## GALOPPINO

Da quando è in Germania, Pino, la sera, in discoteca si scatena e continua così fino a tarda notte. La gente, intorno a lui, quando si ferma per riprendere fiato, lo incita gridando: "Fai il **Galop Pino!**". Il direttore del locale è contento di questo, l'unica cosa che lo disturba è che sia un poco **Galoppino** e provi sempre a non pagare il biglietto d'ingresso.

## GRATTACAPO

Nel negozio di parrucchiere, il titolare era molto preoccupato e questo stava diventando un vero e proprio **Grattacapo**. Il nuovo servizio chiamato **Gratta Capo** non aveva incrementato la clientela. I clienti non gradivano quella grattata profonda che secondo il titolare doveva avere un effetto liberatorio.

## GASDOTTO

Una sentenza della Corte di Cassazione ha stabilito che è giusto pagare il **Gas Dotto** di più di quello ignorante.

## GENEALOGICO

Una minuziosa ricerca nell'albero **Genealogico** ha portato il ricercatore a scoprire la presenza di un **Gene Alogico** che con la sua mancanza di logica nelle generazioni ha indotto significativi cambiamenti.

## GIACOBINO

In epoca rinascimentale la casacca doppia in maglia di ferro era detta **Giaco Bino**. I soldati che la indossavano erano proprio dei fanatici del loro abbigliamento. Questo fatto col passare dei decenni portò alla costituzione di un movimento il cui appartenente era chiamato **Giacobino**.

## GINECOLOGICO

Un medico consiglia per risolvere un noto problema **Ginecologico** di prendere dopo i pasti due dita di **Gin Ecologico**. Raccomanda, però, di non eccedere perché, anche se ecologico, è pur sempre gin.

## GIROLAMO

Il pescatore stava lì da ore, ma non era riuscito a prendere neppure un pesce. Si disse: "Forse è perché ho l'amo in questa posizione. **GIro L'Amo** e quant'è vero che mi chiamo **Girolamo** prenderò un pesce!".

## GOLLISTA

Molti hanno protestato chiedendo cosa mai c'entrasse un politico Gollista con il calcio, ma lui ha ignorato le critiche e ha diffuso a tutti i mass media dei **Gol**, la **Lista**.

## GRANATIGLIO

Si definiscono **Grana** del **Tiglio** i diffusi rilievi ripetuti su tutta la superficie della pianta. Passare la mano su questa superficie provoca piacevoli sensazioni per cui la pianta è simpatica a molti. Solo i falegnami non apprezzano la pianta perché quando la devono lavorare, questa è durissima come un **Granatiglio**.

### GRILLAIA

Il **Grill** nell'**Aia** fu spostato perché le galline e i polli ci andavano a sbattere, saltavano sopra spargendo le braci dovunque. Lo portarono nella **Grillaia**, ma poco dopo si sentirono sfrigolii e un odore acre spandersi nell'aria. Sulle braci c'erano finiti centinaia di grilli.

### GRUMOLO

Per fortuna non ci sono stati feriti né morti in seguito alla caduta della **Gru** sul **Molo**. Soltanto una pianta è stata investita nello schianto. Il **Grumolo** essendo tenero non ha resistito al peso della gru e si è spiaccicato sul molo.

### GUAIRE

Una leggenda medievale francese narra dei **Guai** del **Re** che affidò le sorti del suo regno a una fattucchiera. Pare che la fattucchiera fece molte magie per rendere il re ricco, famoso e potente. Infine si conquistò la fiducia del re a tal punto che decise di sposarla e farla regina. Appena la fattucchiera divenne regina fece una magia che trasformò il re in un cane che cominciò a **Guaire** e da allora non ha ancora smesso.

## INCAPACE

È definita **Inca Pace**, il tipo di pace che imponevano gli inca al popolo che si era dimostrato **Incapace** di difendersi.

## INDUGIARE

Non bisogna **Indugiare**, quando si è in uno di quei mercati, nell'acquistarne una. Infatti, quelle **Indù** sono **Giare** ottime per conservare l'olio, il grano e i prodotti della terra.

## INDURITO

L'**Indù Rito** che è proposto ai turisti è solo una rappresentazione in quanto è vietato l'accesso a quello vero da parte dei non appartenenti alla religione. La parte che i turisti non vedono è quando i sacerdoti offrono un cibo **Indurito**.

## INTERNODIO

Un rito antichissimo che è ancora praticato in molte parti del mondo è quello che serve a risvegliare, secondo gli adepti, l'**Interno Dio** che, secondo loro, tutti hanno. Si prende l'**Internodio** di un ramo dell'albero del pane e recitando formule, in una lingua sconosciuta, si evoca il Dio che accetta l'omaggio del ramo e aiuta la persona che l'ha svegliato.

## INTERVISTA

L'allenatore della squadra di calcio, durante l'**Intervista**, ha messo in chiaro che l'**Inter Vista** giocare questa domenica non è certo quella che si aspettava.

## IODIO

L'analista chimico mentre lavorava con un nuovo composto accidentalmente ha inspirato vapori di

**Iodio**. È uscito correndo dal laboratorio gridando: "Io Dio!" "Io Dio!" I colleghi preoccupati per la sua frenetica agitazione e per la sua asserzione folle e ossessiva, hanno chiamato le guardie che l'hanno immobilizzato e portato via. Ha continuato a gridare, portandosi le mani alla faccia: "**Io Dio!**"

## LAMPADEDROMIA

Nell'antica Grecia, una gara molto seguita era la **Lampadedromia**. Si mettevano delle **Lampade** su granchi **Dromia** e si facevano correre fino al mare. Quello che arrivava prima ed entrando in acqua spegneva la lampada, era il vincitore.

## LATINORUM

Pochi sanno che gli antichi romani bevevano, oltre il vino, anche il rum. Questo tipo di rum era famoso in tutto il mondo con il nome di **Latino Rum.** Gli scambi commerciali più consistenti avvenivano con la Grecia e i mercanti riuscivano a intendersi parlando in **Latinorum.**

## LEGGEREZZA

Un pescatore è saltato all'onore delle cronache mondane perché **Legge** la sua **Rezza**. Pare che legga le maglie e da questa lettura tragga auspici per il futuro. Il fatto non è stato preso con **Leggerezza** dalle autorità che sospettano che il pescatore si faccia pagare dalle persone e vogliono incriminarlo per raggiro della buona fede.

## LEPIDOLITE

In un bar di New York si è scatenata, tra un avventore e un **Lepido**, una **Lite** furibonda. Il primo ha lanciato una **Lepidolite** e l'altro ha risposto col lancio di piatti e bicchieri. La lite si è trasformata in una rissa generale che è stata placata dal pronto intervento delle forze dell'ordine.

## LESTOFANTE

Ieri è stata appuntata la medaglia sul petto del **Lesto Fante** che ha rincorso e catturato un **Lestofante** che scippato la borsa di una vecchietta.

## LOGOTETA

Nell'antica Bisanzio il **Logoteta** portava appeso al collo un medaglione con inciso un **Logo** a forma di **Teta**.

## LUMENORA

Il **Lume** di **Nora** emetteva un fascio di luce di 1 **Lumenora** perciò decise di potenziarlo mettendo dentro una lampada più potente.

## LUPANARI

Nell'antica Roma i **Lupanari** avevano l'ingresso fatto a forma di testa di **Lupa** con le **Nari** dilatate. I clienti del bordello entravano attraverso di queste. Una era usata per l'ingresso e una per l'uscita.

## MAGGIOCIONDOLO

Il boscaiolo tagliò il tronco di un **Maggiociondolo**, ne asportò poi un pezzo per quanto gli sarebbe servito e lo mise ad asciugare all'aperto. A **Maggio** fece un **Ciondolo** per la donna che amava che lo gradì molto.

## MAGGIORANA

A **Maggio** la **Rana** lascia le zone acquitrinose attirata da un aroma. Nottetempo s'introduce nel bosco per cibarsi delle piante di **Maggiorana**.

## MAGGIORENNE

I pastori portano a **Maggio** le **Renne** nei verdi pascoli in alta montagna. Separano poi ogni renna ormai **Maggiorenne** da quelle ancora cucciole.

## MAMMALUCCA

È notizia di oggi che una **Mamma** di **Lucca** coraggiosamente ha affrontato dei malviventi consentendo il loro arresto. La donna che, fino allora, era considerata dai cittadini una **Mammalucca**, ora è trattata con rispetto.

## MANICAIO

Le **Mani** di **Caio** sono affusolate, quando le giunge a coppa, sembra un mollusco bivalve come il **Manicaio**.

## MANICOMIO

Tristi storie si raccontano su quello che succedeva nel **Manicomio** prima che fosse chiuso. Tra le tante vicende c'è quella di un uomo che fu internato perché in una lite con un altro sulla proprietà di un ombrello rotto tirava e ripeteva: " **Manico** è **Mio**-!". Lui purtroppo era solo un barbone che non aveva alcunché mentre l'altro era uno stimato avvocato che in sede giudiziale lo fece dichiarare pazzo.

## MANIFESTA

L'hanno chiamata **Mani** in **Festa**, la festa che celebra le mani come strumento indispensabile all'uomo. L'intenzione **Manifesta** di alcune organizzazioni di sponsorizzare l'evento non ha trovato appoggio alcuno.

## MANIOCA

La inseguì in mezzo ai campi finché mise le **Mani** sull'**Oca** e soddisfatto mormorò: "Bella grassa, stasera la faccio arrosto condita con la **Manioca**".

## MARESCIALLE

Le due **Marescialle** passeggiavano lungo la riva del **Mare** con lo **Scialle** sulle spalle perché l'aria era umida e frizzantina.

## MENOPAUSA

La direttrice dell'orchestra era in **Menopausa**, cosa che la dava irritabilità e quando il violinista suonò quei due accordi, lei scocciata interruppe l'esecuzione. "Insomma vuol capirlo? Ci vuole **Meno Pausa** tra il Do Maggiore e il Sol Sette".

## METATESI

Colpito da Metatesi, all'università, lo studente espose solo **Metà Tesi** in modo disarticolato e confuso.

## METRONOTTE

Il Comitato Scientifico Internazionale ha scelto il sistema decimale per definire l'unità di misura della notte. Il **Metro Notte** corrisponde al tempo che impiega un **Metronotte** per fare un giro completo di controllo.

## MINISTERO

Al **Ministero** è in corso una seduta fiume per stabilire a quanto corrisponde un **Mini Stero**. Pare comunque che la proposta dei tecnici sarà approvata visto che lo Stero corrisponde a un metro cubo, un **Mini Stero** può corrispondere solo a un decimetro cubo.

## MINTURNO

A **Minturno** è stato trovato un oggetto su cui un'incisione parla del nuovo millennio e pare che, col suo inizio, cominci di **Min** il **Turno** come capo delle divinità egizie. Min è una divinità dimenticata da tempo.

## MIRABELLA

La storia racconta che i due fratelli vollero fare una gara per stabilire chi era più bravo. Misero a venti passi di distanza un bersaglio poggiato su un ceppo. Il primo scoccò una freccia, ma non colpì il bersaglio. Il secondo prese una **Mirabella** e la scagliò contro il bersaglio colpendolo. Il primo fratello esclamò sorpreso: "Che **Mira Bella**!".

## MODANATURA

Questa estate è esplosa la **Moda Natura**. Gli abiti sono costituiti da semplici foglie di fico da mettere sui punti più delicati del corpo. I più raffinati hanno abbinato alle foglie una semplice **Modanatura** delle stesse.

## MOLTIPLICHI

Stavo alla scrivania cercando di risolvere un'equazione. Ero assorto e riflettevo: "Forse basta che **Moltiplichi** tutto per 9...". Fui distolto dal suono del campanello. Era il postino con sopra le braccia **Molti Plichi** indirizzati a me.

## MONTENEGRO

In **Montenegro**, il **Monte Negro** versa in un profondo stato di depressione dovuto agli insulti razzisti che riceve dai turisti bianchi che lo attraversano.

## NOISETTE

Il leader del gruppo ha dichiarato ai giornalisti: "Come ci hanno descritto i giornali e i mass media non ci piace proprio. **Noi Sette** abbiamo la pelle color **Noisette** e non abbiamo pregiudizi di sorta per coloro che l'hanno diversa".

## NUMERAZIONE

La mitologia Greca racconta che, sull'Olimpo, all'ora di pranzo, ha ogni **Nume** una **Razione** a disposizione. Ogni Deo prende posto alla tavola imbandita secondo una **Numerazione** particolare dove il numero 1 indica il più importante e poi a scalare.

## OCCHIALI

La mitologia greca ci parla di un Dio che aveva sugli **Occhi** due **Ali**. Il Dio quando voleva sapere qualcosa, faceva volare i suoi occhi. Mentre gli occhi erano in volo, un paio di **Occhiali** magici gli consentivano di vedere.

## OCCHIOCOTTO

Le guardie zoofile hanno arrestato un tizio trovato in possesso di un **Occhio Cotto** di **Occhiocotto** che aveva catturato, come ha confessato, con una rete appesa tra due alberi.

## ODALISCA

L'Odalisca era l'unica persona che aveva libero accesso alla tenda del sultano. La donna si era conquistata la fiducia del sultano facendogli predizioni sul futuro che gli avevano consentito di estendere il suo dominio. Quando il sultano aveva bisogno dei suoi auspici diceva: "**Oda** la **Lisca**!" La donna allora spezzettava una lisca di pesce e dal rumore che faceva traeva auspici per il futuro.

## ORCHESTRALI

I marinai non vogliono mai a bordo della loro nave gli **Orchestrali**. Sostengono che la loro musica in mare fa arrabbiare le orche. Quando sono furiose lanciano, le **Orche**, **Strali** e maledizioni a tutti quanti.

## ORCHIDEA

Tutti gli orchi del mondo portano appuntata sul petto un'**Orchidea** che li protegge dagli spiriti malvagi. Invocano gli **Orchi**, la **Dea** con un rituale segreto e celato alla vista dei comuni mortali.

## ORTOLANA

L'**Ortolana** custodiva gelosamente il segreto di come otteneva quel tessuto morbido. Solo dopo la morte si è scoperto che coltivava, nell'Orto, la **Lana** ottenendola da una pianta sconosciuta.

## OTTOMANI

L'incredibile notizia arriva dalla Turchia. Pare che sia nato un bambino ottomano con **Otto Mani**. I genitori felici di avere un figlio sono però preoccupatissimi per il suo futuro, del rapporto che potrà avere con gli altri bambini.

## OTTONATE

Sono **Otto** le **Nate** da un unico parto. Le bimbe, tutte in buona salute sono state messe in culle **Ottonate** per distinguerle dagli altri nati. La donna ha ricevuto le congratulazioni da ogni parte del mondo.

## PADRETERNO

Il padre era rimasto senza lavoro e la famiglia era in difficoltà economiche. Il figlio pensò allora di giocare un terno secco. Il giorno dopo uscirono i risultati e il ragazzo corse dal papà e grido: "**Padre Terno**!!". L'uomo si alzò in piedi volse gli occhi al cielo ed esclamò: "Sia ringraziato il **Padreterno**, ci voleva proprio".

## PALLADIO

In Paradiso ci si diverte sicuramente. Tra i giochi più seguiti c'è quello giocato con la **Palla** di **Dio** che è fatta di **Palladio**. Il gioco consiste nel calciarla da una nuvola all'altra senza farla cadere sulla Terra.

## PAPARAZZO

Ha comprato, il **Papa**, un **Razzo** giustificando l'acquisto col fatto che un aereo ce l'hanno tutti e poi così potrà volare nell'alto dei cieli. Siccome ama fare fotografie, ha invitato molti Vip al viaggio d'inaugurazione e si divertirà a fare il **Paparazzo**.

## PAPAVERO

All'epoca dell'antipapa, entrambe le fazioni, sostenevano che il loro fosse il **Papa Vero**. Per convincere la gente che il loro mandato venisse dal Signore, inventarono le cose più assurde, spacciarono false reliquie, come quella del **Papavero** che dicevano cresciuto nell'orto di Getsemani.

## PAPPAFICO

Molte mamme peparono la **Pappa** col **Fico** perché sostengono che è molto nutriente e aiuta la crescita. Quando poi escono per una passeggiata, al loro bimbo fanno indossare un **Pappafico**.

## PARAMETRO

Bisogna valutare con un giusto **Parametro** l'utilità del **Para Metro**, una scatola apposita in cui, i falegnami, costudiscono e trasportano il loro metro di legno.

## PARAPETTO

Sul **Parapetto** c'era un **Para Petto** cioè un reggiseno.

## PARAPIGLIA

È senz'altro uno dei portieri più bravi nel gioco del calcio. **Para** e **Piglia** i tiri degli avversari non sbagliando mai. Quando sul campo si finisce in un **Parapiglia,** riesce a districarsi dalla confusione.

## PARLAMENTO

In quel **Parlamento**, di solito **Parla** il **Mento**. Se qualche volta parlasse anche il cervello, saremmo tutti più contenti.

## PARTIBUS

Il Vescovo **Partibus** ha sollecitato e ottenuto dalle autorità la messa in circolazione di particolari vetture denominate **Parti Bus** dove le donne potranno comodamente partorire durante il viaggio.

## PASSAMONTAGNA

Siccome si è infilato un **Passamontagna**, è meglio che lo segua con lo sguardo per vedere cosa fa e dove va. Cammina veloce, ecco passa la pianura, si arrampica e passa la collina e adesso sale, sale e **Passa** la **Montagna**.

## PENERATA

È stata denominata ufficialmente **Pene Rata**, dal governo che non sapeva più cosa tassare, la rata che mensilmente dovrà pagare ogni portatore di pene. Una sopratassa è prevista per tutti coloro che usano un asciugamano con una **Penerata**. Diverse le reazioni: da indignata a stupita, da furiosa a rassegnata. Sono previste manifestazioni di protesta su tutto il territorio.

## PERGOLA

Sotto la **Pergola**, il grasso oste continuava ad abbuffarsi di prelibatezze non per fame ma **Per Gola**.

## PERIPATETICI

I seguaci **Peripatetici** di Aristotele si diressero verso il frutteto per vedere come stavano gli alberi. Il melo godeva di ottima salute, il noce era un poco dismesso. Arrivati davanti agli alberi di pero, il capogruppo scosse la testa e commentò: "I **Peri** sono **Patetici**".

## PERONEO

La malattia si manifesta sull'albero del **Pero** con un **Neo** gigante. Le autorità sanitarie hanno imposto l'obbligo ai contadini di abbattere l'albero che soffrisse di questa malattia e distruggere i frutti. Infatti, è stato accertato che i frutti in questo stato contengono una tossina che colpisce il muscolo **Peroneo**.

## PESCECANE

È stato stabilito, una volta per tutte, con l'analisi del Dna che il **Pescecane** non discende dal cane. Fino ad oggi sussisteva il dubbio e l'interrogativo **Pesce** o

**Cane**? Ricorreva spesso nei trattati. Gli zoologi hanno proposto di cambiare il nome da **Pescecane** in Pescevorace che meglio illustra le sue attitudini.

## PETITORI

I giudizi furono **Petitori**. Tutti furono concordi che i **Peti** dei **Tori** sono dei veri e propri boati e che i gas emessi possono far svenire una persona investita da questa puzza gassosa.

## PETTORINA

Il **Petto** di **Rina** è esuberante. Lei, a ragione, si è offesa molto quando dei passanti, schernendola, gli hanno detto d'indossare una **Pettorina**.

## PIANOFORTE

Il musicista si sedette al **Pianoforte** e il direttore d'orchestra cominciò a dirigere, prima piano poi sempre più forte, poi di nuovo piano e poi più forte. Dopo l'ennesima variazione, il musicista sbotto: "Ma insomma devo suonare **Piano** o **Forte**?"

## PIEGARE

Le **Pie Gare** durarono una settimana durante la quale, preti e suore si sfidarono a chi riusciva a **Piegare** il corpo fino a toccarsi la punta dell'alluce recitando un Pater, un Ave e un Gloria.

## PIGOLAMENTO

Il pesce pigo, nelle notti di luna piena, viene in superficie e con la testa fuori dall'acqua comincia a emettere un **Pigolamento** come quello dei pulcini però molto più triste e angosciato. I pescatori lo chiamano **Pigo Lamento**.

## PISACANE

**Pisacane** è il nome di un famoso patriota rivoluzionario che era talmente malvisto dai reazionari che gli dedicarono una poesia che inizia così: " Di **Pisa** quel **Cane** vi racconto...."

## PISCIACANE

Un'ordinanza del sindaco impone che la **Piscia** del

**Cane** non possa essere più fatta sul marciapiede. Il proprietario dell'animale deve portare un apposito sacchettino e indurre il cane a farla lì dentro. Inoltre ha disposto che tutte le vie siano adornate con piante di **Pisciacane**.

## PORTAMENTO

Mi hanno regalato un **Porta Mento**, un attrezzo utilissimo perché sorregge il mento durante quelle noiose conferenze cui partecipo. Il riposo assoluto della testa fa si che sia migliorato anche il mio **Portamento**.

## PORTANTINI

Il primario entrò nel reparto e vide quattro **Portantini** con una barella con sopra dei tini: "Esclamò **Portan Tini** invece dei pazienti! È una cosa inaudita!". Bloccò il quartetto esigendo spiegazioni, ma nessuno volle chiarire la questione, neppure quando la direzione li licenziò.

## PORTICINA

Entrai nell'ufficio da una **Porticina** laterale. Sulla parete c'era una grande mappa con segnati i **Porti** in **Cina**. Lateralmente alla mappa c'era una tabella con le statistiche commerciali di ogni porto.

## POSCIADESCO

"Andiamo a mangiare?". "No, **Poscia Desco** prima dobbiamo recitare quell'atto in stile **Posciadesco**".

## POZZOLANA

Il muratore aveva finito la **Pozzolana**. Pensò allora di utilizzare per le parti mancanti del **Pozzo**, la **Lana**.

## PRATICAMENTE

**Praticamente**, in uno studio legale, si definisce **Pratica Mente**, la pratica che riguarda la salute mentale del cliente.

## PRECEDEI

**Precedei** di poco l'arrivo del santone. Fece il suo ingresso in mezzo alla folla e andò sul palco. Il santone è pagano, ma è molto religioso, ogni sera con i suoi fedele recita una **Prece** agli **Dei**, una preghiera per ognuno di quelli in cui crede.

## PRIMATE

Il dirigente d'industria rimase molto stupito quando, entrando in un albergo, ha incontrato un **Primate** che gli ha ceduto il passo dicendo: "Prego, **Prima Te**!"

## PRIMAVERA

In **Primavera** mi sono deciso a togliermi quel dubbio. Sono andato dal gioielliere e gli ho chiesto di esaminare le tre collane che avevo. Lui le ha esaminate col lentino e poi mi ha detto: "La **Prima Vera**, la seconda falsa e la terza, mi dispiace, anche questa è falsa".

## PROCURATORI

L'allevatore si rivolse all'assistente: " Come mai Giacomo non **Procura** più **Tori** da monta?" "Pare che ci siano dei problemi legali con l'allevamento che li procura. Mi ha detto che adesso si è rivolto a due **Procuratori** per sbloccare la situazione".

## PROTOCOLLO

L'impiegato registrò nel **Protocollo** il **Proto Collo** che era arrivato e lo mise insieme con gli altri. Il museo è ben fornito, non ha solo quel **Proto Collo**, ne ha uno che è primo in ordine di tempo e d'importanza, pare che risalga al periodo cretaceo.

## QUOTALITE

Scoppiò quando l'aereo era a 5000 metri di **Quota**, la **Lite** tra l'avvocato e il suo cliente circa la **Quotalite** che avevano preso.

## RAMPOLLO

Il **Rampollo** di un noto scienziato ha inventato un pollo elettronico che sostiene sarà il futuro del cibo virtuale. La **Ram** del **Pollo** è di ben 50 Gb.

## RECESSO

La sua azione fu immediata e di totale **Recesso** dall'incarico affidatogli. Ai giornalisti che lo attorniavano, dichiarò: "Meglio essere re di qualcos'altro piuttosto che **Re** del **Cesso**!".

## RESTAURO

Dopo una lunga opera di **Restauro** di quella particolare statua, il direttore del museo commentò: "Vi siete impegnati molto, ma **Resta** un **Uro**".

## RICCIOLINO

La mamma regalò alla figlia una matassa di lino per giocare. La bambina era molto creativa e in poco tempo fece un **Riccio** col **Lino**. Poi lo colorò e con un poco di tessuto avanzato fece un bel **Ricciolino** sulla testa dell'animale.

## RIDESTATO

**Ride** lo **Stato**, anche se ha ancora problemi seri e difficili da risolvere, ancora non si è **Ridestato** dal sogno che negli ultimi decenni ha avvolto il Paese.

## RIZZACULO

Il sergente si rivolse alla recluta: "Attenti, petto in fuori, busto in dentro e **Rizza** il **Culo** per la miseria, sembra che ce l'hai a terra!". Durante il giorno gli fece fare esercizi faticosi e ripetitivi e così per due mesi, maltrattandolo e umiliandolo. La recluta meditò la vendetta. Una notte s'introdusse nell'alloggio del sergente e mentre dormiva, versò un sacchetto pieno di formiche **Rizzaculo** sotto le coperte.

## ROTTAMAGGIO

La nave da crociera ormai vetusta è stata avviata alla fase di **Rottamaggio**. Il capitano commosso si è intrattenuto con i giornalisti. "Mi ricordo che la **Rotta** a **Maggio** prevedeva una sosta nelle stupende isole del sud con cena all'aperto".

## RUMINAZIONE

Si dice che l'alcolista è in una fase di **Ruminazione** quando mastica a vuoto e il **Rum** è **In Azione**.

## SALAMELECCO

L'uomo entrando nel negozio fece un bel **Salamelecco** poi chiese un salame al norcino. Disse: " **Salame Lecco**!" e cominciò a leccare con avidità il salame. Non era la prima volta che accadeva e il norcino, snervato da questo tipo di comportamento, si rivolse a un cliente che aspettava il suo turno. "Io, questa moda di leccare il salame, non la capisco proprio e poi il migliore **Salame** è di **Lecco**, perché vengono tutti da me?".

## SANITARI

Il commerciante aveva venduto parecchi **Sanitari** di gran pregio al Califfo. Quando si presentò per il pagamento, il califfo gli mise in mano un sacchetto stracolmo di tari. Il commerciante aprì il sacchetto e stupito, protestò: "Ma sono tutti rotti! Io voglio dei **Sani Tari**!" Il califfo rispose: "Oro è sempre oro, sano o rotto".

## SANTINO

Il parroco diede un **Santino** al viticoltore del protettore dei produttori di vino. Il viticoltore ringraziò così: " Grazie, **San Tino** veglierà sicuramente su di me e la mia famiglia".

## SANTOREGGIA

Domenica si potrà visitare per la prima volta del **Santo** la **Reggia** che lo ospitò quando era un semplice predicatore malvisto dalle autorità ecclesiastiche. Consigliamo di fare una visita anche al giardino dove splendide piante di **Santoreggia** abbelliscono l'ambiente.

## SARDANAPALO

È necessario, per ballare la **Sardana**, un **Palo**. Lo sapeva bene **Sardanapalo** che la ballava girando intorno ad un palo.

## SCIABECCO

Il gabbiano seguiva dall'alto l'antico **Sciabecco** da cui, ogni tanto, cadevano gli avanzi dei pasti dei marinai. Allora, si lanciava in picchiata nella **Scia** col **Becco** prendendo tutto quello che poteva.

## SCIACALLO

Gli zoologi definiscono **Scia** del **Callo** quella particolare traccia che lascia nella terra lo **Sciacallo** quando è sofferente per i calli.

## SCIORINARE

È difficile con gli **Sci Orinare** sulla neve. Molti risolvono appartandosi in mezzo agli alberi, altri invece continuando a sciare convinti che **Sciorinare** il loro bisogno passerà inosservato.

## SCOPAMARE

Il Capitano aveva urlato: " **Scopamare!**" e il marinaio fraintendendo l'ordine, si era tuffato dal ponte con una scopa in mano. Il capitano esterrefatto vide che il marinaio, nuotando, passava la scopa sulla superficie del mare. Si rivolse al nostromo: " Ma che accidenti fa?" e il nostromo rispose: "**Scopa** il **Mare**".

## SCOPOLAMINA

Lo **Scopo** della **Lamina** è intagliare la pianta in maniera che fuoriesca del liquido da cui estrarre la

**Scopolamina.**

## SCOTOFILO

Nell'antica Irlanda, il popolo **Scoto** con un **Filo** pescava tra gli anfratti bui degli scogli ogni **Scotofilo** che c'era. Di sera poi banchettavano accompagnando il cibo con acquavite.

## SEMESTRALE

Nell'antica Grecia, gli abitanti temevano il così detto **Seme Strale** che Giove avrebbe tirato se lo avessero fatto adirare, Uno storico dell'epoca racconta che in realtà, Giove lanciava un **Seme Strale** ogni sei mesi, questo periodo **Semestrale** serviva a ricordare la sua presenza e la sua potenza. Lo stesso storico ci narra che il seme quando raggiungeva il terreno germogliava subito e una pianta di saette cresceva istantaneamente diffondendo nell'aria migliaia di fulmini.

## SEMINOMADISMO

Le antiche popolazioni islamiche che conducevano una vita di **Seminomadismo**, dedicavano un giorno della settimana a quello che chiamavano **Semino** il **Madismo**. Ogni componente della comunità andava in giro cercando di far aderire le persone alla sua organizzazione convertendo i miscredenti.

## SENOFONTE

**Senofonte** sosteneva che il **Seno** è **Fonte** indispensabile per l'allattamento ed è comunque il simbolo del benessere umano.

## SESTANTE

Il capitano del veliero prese il **Sestante** e cominciò a calcolare la rotta. Fu interrotto dall'arrivo del nostromo che gli comunicò che i venti erano cambiati. Il capitano si voltò e gli rispose: "Questo non c'entra niente con i miei calcoli, è una cosa a **Se Stante**".

## SOCIOLETTO

I due soci stavano conversando tranquillamente in **Socioletto** quando uno dei due accusò un improvviso malore e si accasciò a terra. L'altro lo prese sotto le ascelle e lo trascinò fino alla camera da letto e con fatica mise il **Socio** a **Letto**.

## SOSPENSIONE

Il provvedimento che ha messo in **Sospensione** il pagamento della pensione, ha fatto scattare un **Sos Pensione** lanciato dalle rappresentanze dei pensionati.

## SPERAUOVO

La contadina prese lo **Sperauovo** per osservare in controluce a che punto fosse la crescita dell'embrione. **Spera** ogni **Uovo** di diventare un pulcino, ma spesso diventa solo una frittata.

## SPETTROGRAFIA

Il professore di **Spettrografia** entrò nell'aula e la prima cosa che spiegò era dello **Spettro**, la **Grafia**. Il professore spiegò che questa scienza è molto avanzata e che attualmente si può riconoscere un fantasma dal suo modo di scrivere. I famosi messaggi dall'al di là ormai si possono attribuire in maniera esatta.

## SPIANATRICE

C'è un buffo animale che **Spia** la **Natrice**, la comune biscia e quando questa si allontana dalla tana, vi s'introduce rubando qualsiasi cosa sia commestibile. L'aspetto del muso di quest'animale è davvero strano, ha la forma come se fosse passato in una **Spianatrice**.

## STENDARDO

Alla rievocazione storica, il direttore della rappresentazione era inviperito. Uno dei partecipanti continuava a entrare in ogni scena sventolando il suo **Stendardo**. Temendo che alla fine rovinasse la rappresentazione, gli ha sparato con una pistola **Sten** un **Dardo** soporifero.

## STIVALETTO

Il capitano era stanco così è andato nella stiva per riposare, ma ha trovato uno **Stivaletto** nella **Stiva** sul **Letto**. L'ha esaminato attentamente e poi aperto l'oblò, l'ha gettato in mare.

## STOPPASTI

Quando l'imprenditore seppe quanto gli costava la mensa degli operai, si precipitò nell'assemblea dei lavoratori e gridò: " **Stop Pasti**!".

## STROZZAPRETE

La polizia ha scoperto il movente che ha spinto l'anziana signora a tentare di uccidere il prete. Il giorno prima, la signora aveva comprato una confezione da un chilo di **Strozzaprete**. Li aveva cucinati per la sua famiglia, ma quando tutti stavano per mettersi a tavola, si è presentato il prete che autoinvitandosi al pranzo ha finito per mangiarsi tutta la pasta. La signora era stata arrestata durante la messa quando, davanti alla gente sconvolta che gridava: "Mio Dio **Strozza** il **Prete**!" aveva tentato di strangolare il prete.

## SUDORAZIONE

In un giorno di sole caldo e pieno bisogna inginocchiarsi e rivolgersi a **Sud** per l'**Orazione**. La preghiera deve essere ripetuta finché la **Sudorazione** inzuppa tutti i vestiti.

## TACCAMACCA

Era abitudine dei contadini fare una **Tacca** se la **Macca** era grande, sugli orci dove costudivano quell'olio portentoso di **Taccamacca**.

## TANACETO

Nel passato era assegnata la **Tana** se il **Ceto** era consono al rifugio. Le tane che assegnavano erano quindi tutte diverse tra loro, ma tutte erano ornate con una pianta di **Tanaceto**.

## TENDALINO

Aveva una **Tenda** di **Lino** che non utilizzava, così decise di farci un **Tendalino** per la sua imbarcazione.

## TERZAVOLO

I nipoti erano agitati, era già due volte che il vecchio **Terzavolo** si lanciava dal tetto con delle ali posticce rischiando di schiantarsi al suolo. Gridavano: " Vieni giù! Vieni giù" e il vecchio di rimando: " Sono sicuro, alla **Terza Volo**!"

## TIRASSEGNO

L'autista del tir arrivò al casello autostradale. Mise la mano in tasca per pagare il pedaggio e si accorse che non aveva più contante. Si rivolse al casellante: "Le posso fare per questo **Tir**, un **Assegno**?". Il casellante gli spiegò che non poteva accettare assegni e neppure carte di credito. L'autista insistette: "La prego, sto trasportando un grosso **Tirassegno** e devo consegnarlo entro mezzogiorno al luna-park". Il casellante fu irremovibile e l'autista dovette, con enorme difficoltà, fare marcia indietro e parcheggiare il grosso automezzo prima del casello.

## TOPAIA

La zona **Top** dell'**Aia** era costituita da una vasca a terra colma di granaglie sempre fresche. Galli, galline, pulcini, tutti, ma proprio tutti, andavano continuamente lì. Soltanto il cane di guardia disdegnava quella zona, non si avvicinava mai perché la considerava una **Topaia** da quando aveva visto grossi ratti circolare lì intorno.

## TOPOGRAFIA

Chiamarono un esperto di **Topografia** perché sul fascicolo riservato che spiegava la disposizione dei terreni, erano state trovate molti strani segni. L'esperto lo esaminò attentamente e poi disse: "Di certo è di un **Topo** la **Grafia** che vedo. Confronterò questa con quelle schedate dei topi ricercati e vediamo se riusciamo a sapere chi è stato".

## TRABATTELLO

**Tra** il **Battello** e la barca costruirono un **Trabattello** per consentire agli operai di sollevare la barca e assicurarla sui ganci laterali del battello.

## TRAPANARE

Il ragazzo stava passeggiando lungo il torrente quando vide una bella castagna d'acqua. Raccolse la trapa e siccome voleva sentirne l'odore, accostò la **Trapa** alle **Nare**. Pensò: "Che odore meraviglioso, però per estrarne il succo la dovrò **Trapanare**".

## TREMULE

**Tremule** luci nella notte rischiaravano l'orizzonte. Maria avanzava lungo il sentiero guidando le **Tre Mule** su cui c'erano le poche cose che possedeva e il figlio da poco nato. Fuggire, fuggire prima che sia troppo tardi, sola, impresa davvero dura e non c'era neppure una stella cometa a indicarle la strada giusta.

## TRAMBUSTO

Ha provocato un notevole **Trambusto,** la notizia che il Comune ha deciso di fare col **Tram** un **Busto** in memoria del conducente di tram che era morto in servizio.

## TRAMESTATI

Ormai tutti i documenti ufficiali sono stati Tramestati fino a tal punto che è difficile risalire alla verità delle Trame degli Stati. Però non manca una documentazione alternativa su queste attività.

## TRAMPOLO

Vicino alla fermata del **Tram** del **Polo** nord hanno messo un **Trampolo** per sondare il ghiaccio e rendersi conto se è compatto oppure cede. Il tram passa una volta la settimana e bisogna prenotare il viaggio almeno un giorno prima.

## TREDICINA

Si, sono **Tre Di Cina** che ogni giorno, all'alba, recitano una **Tredicina** a Sant'Antonio.

## TRENO

Stavo nello scompartimento del **Treno** quando un signore mi ha chiesto se scendevo alla prossima stazione. Voi non ci crederete ma ho dovuto gridargli **Tre No**, mica aveva capito.

## UGONOTTI

Ugo si è rivolto ad un psicologo perché ha un incubo ricorrente. **Ugo** tutte le **Notti** sogna che un gruppo di **Ugonotti** lo cattura e lo porta in una prigione umida e buia.

## USTASCIA

Il poeta **Ustascia** stava declamando i suoi versi agli astanti e disse: "Del cinghiale, l'**Usta Scia** tra gli alberi del bosco innevato...".

## VENEZIA

La zia si recò a **Venezia** perché le avevano detto che lì c'era un dottore molto bravo. Il medico esaminò l'ecodoppler e scosse la testa: le **Vene** della **Zia** erano in pessime condizioni.

## VERATRINA

L'anziana signora che lavorava al tombolo era una delle ultime artigiane a realizzare **Vera Trina** di qualità elevata. Il turista che entrò nella sua bottega era in un evidente stato di alterazione. L'anziana sbuffò perché arrivavano tutti così e alla fine non compravano e facevano confusione. Si disse: "Possibile che nessuno di loro sa che la sabadiglia contiene **Veratrina**. Devo assolutamente convincere il fruttivendolo a non vendere più sabadiglia".

## VARICOSI

Il medico stava curando la **Varicosi** della signora. "Per favore, mi prenda il tampone". L'infermiere si voltò verso il carrello, ma sopra c'erano **Vari Cosi** che lui non conosceva e rimase indeciso sul da farsi.

## VENTILATI

Stavano progettando dei locali ben **Ventilati** e ognuno dei locali doveva avere **Venti Lati**. Il capo progettista non sapeva cosa scrivere sul disegno del progetto, si voltò e si rivolse ai suoi collaboratori: " Allora… con tre si chiama triangolo, con otto ottagono… ma con venti?"

## VENTILATORI

**Venti Latori**, ognuno con una lettera, andarono dal principe reggente per inoltrare le rimostranze del popolo che voleva i **Ventilatori** nelle osterie.

## VIALETTO

Quando torno stanco dal lavoro, imbocco il **Vialetto** perché è l'unica **Via** per il **Letto** che vedo.

## VIDIMARE

Stavo per **Vidimare** quel documento quando mi voltai verso la finestra e **Vidi** il **Mare** e rimasi affascinato dallo spettacolo delle onde che s'infrangevano sugli scogli.

## VINCIBOSCO

La lotteria fu pubblicizzata con lo slogan; "**Vinci Bosco**!". Il vincitore fu deluso quando scoprì che si trattava solo di una pianta di **Vincibosco**.

## VISORE

Il **Viso** del **Re** era talmente brutto che, quando compariva sul **Visore**, i cortigiani tenevano lo sguardo basso.

## ZENZERO

Nella scuola zen si dice che si raggiunge lo stadio **Zen Zero** quando l'allievo riesce a mangiare un'intera pianta di **Zenzero** senza distogliere la mente dalla meditazione.

## ZOOCORO

È su tutti i giornali del mondo. Nello zoo, il direttore ha acquistato un grande quantitativo di piante del tipo **Zoocoro** perché offerte a un prezzo vantaggioso. Le ha date da mangiare a tutti gli animali erbivori. Ieri notte, si è sentito levare nello **Zoo** un **Coro**. Tutti gli animali cantavano all'unisono.

## ZUCCHERARE

Sono certo delle **Zucche Rare** quelle cresciute nel campo di un contadino italiano. A parte le notevoli dimensioni, pare che grattugiando poche scaglie, queste possono **Zuccherare** un cappuccino cento volte di più dello zucchero bianco raffinato e senza i suoi effetti negativi.

FUMARE
Fu mare, adesso è una
distesa di petrolio

CARNEVALE
Ormai la carne vale quanto
l'oro, ha raggiunto prezzi
inauditi, nonostante ciò la
gente la mangia a carnevale...

BARAONDA

è

SENOFONTE

MINISTERO
Lo stero corrisponde ad un
metro cubo. Il piccolo stero
cioè il mini stero corrisponde
ad un decimetro cubo...

VENTILATORI
Venti latori, ognuno con u
lettera, andarono dal princ
reggente per inoltrare le
rimostranze del popolo.

FAVORITO
Le api nel favo, compiono ogni
giorno un rito che si ripete
sempre uguale: puliscono le
cellette delle...

Il significato palese delle parole

Stefano Benedetti

La valle della Caffarella
Stefano Benedetti
Collana Vivere Roma

Villa dei Quintili
Stefano Benedetti
Collana Vivere Roma

L'Isola Tiberina
Stefano Benedetti
Collana Vivere Roma

I ponti di Roma
in bicicletta
Stefano Benedetti
Collana Vivere Roma

Antalogia
Volume II: i battenti
Stefano Benedetti

Antalogia Volume III: i portoni
Stefano Benedetti

Antalogia
Volume 1: le finestre
Stefano Benedetti

99
Il magico numero nove
e i suoi amici multipli

Stefano Benedetti

Fotografia:
la storia dell'arte e dell'ingegno
Stefano Benedetti
Collana Fotografia e società


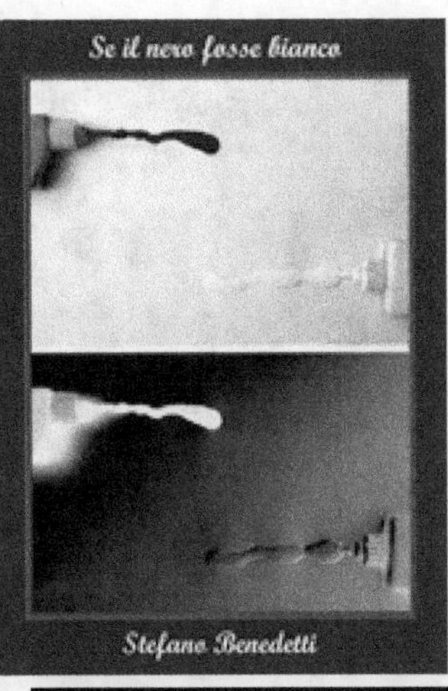

Se il nero fosse bianco
Stefano Benedetti

Le stime degli obiettivi fotografici
Stefano Benedetti
Collana fotografia e società

Le stime degli obiettivi
Edizione 2017-2018
Stefano Benedetti
Collana Fotografia e società

3SI
Le quotazioni di 2200
apparecchi fotografici
dal 1900 al 2000
Stefano Benedetti
Collana Fotografia e società

3SI
Le stime delle fotocamere
Edizione 2017-2018
Stefano Benedetti
Collana Fotografia e società

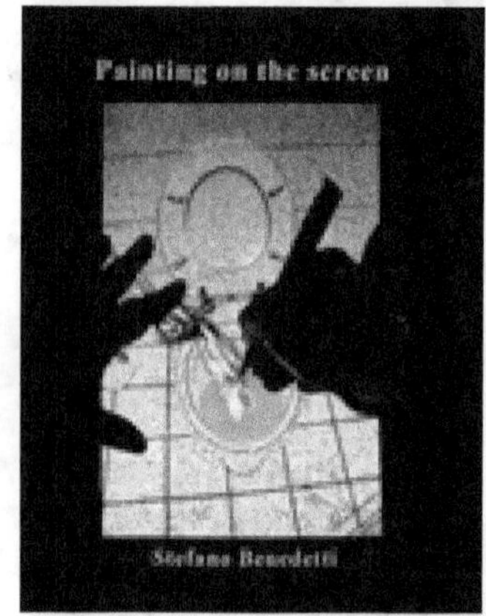
Painting on the screen
Stefano Benedetti

Fotografia caleidoscopica
Stefano Benedetti
Collana Fotografia e società

KRENF
STEFANO BENEDETTI

La questione dell'onestà apparente
Stefano Benedetti

Fiabe per adulti
Stefano Benedetti
Seconda edizione

Fiabe dell'amore e del piacere
Stefano Benedetti   Seconda edizione

Allium Cepa
cioè tutto quello che è
utile sapere sulla cipolla
Stefano Benedetti
Collana: Alimentazione e benessere


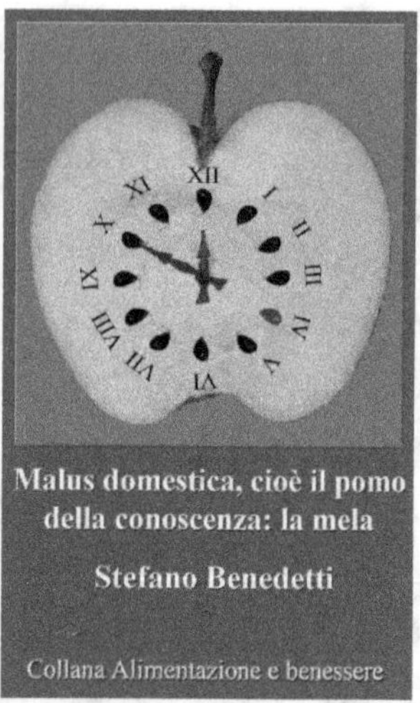

Malus domestica, cioè il pomo
della conoscenza: la mela
Stefano Benedetti
Collana Alimentazione e benessere

Nella palude degli inganni alimentari
Stefano Benedetti
Collana Alimentazione e Benessere

Juglans Regia, cioè la ghianda
di Giove più importante: la noce
Stefano Benedetti
Collana Alimentazione e benessere

Allium, cioè proprietà farmacologiche, storia, coltivazione, ricette e benefici dell'aglio
Stefano Benedetti
Collana: Alimentazione e benessere

Poesie proibite
Stefano Benedetti

Briciole di terra
Fra prosa, poesia e canzone
Stefano Benedetti


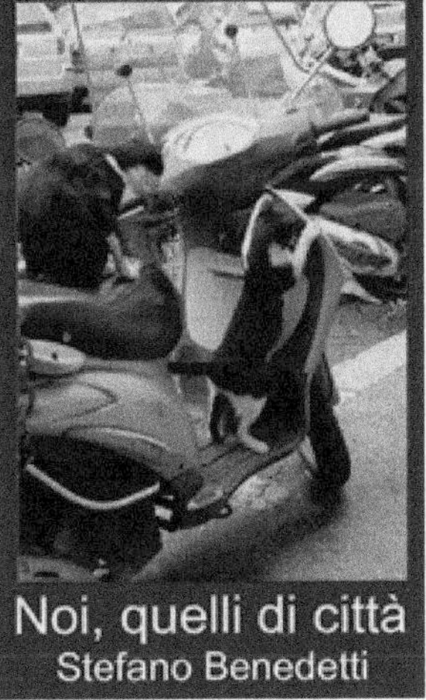

Noi, quelli di città
Stefano Benedetti

# Libri bilingui in italiano e inglese

# Libri in lingua inglese

Rome bridges
riding a bicycle
Stefano Benedetti
English Edition
Series Live Rome


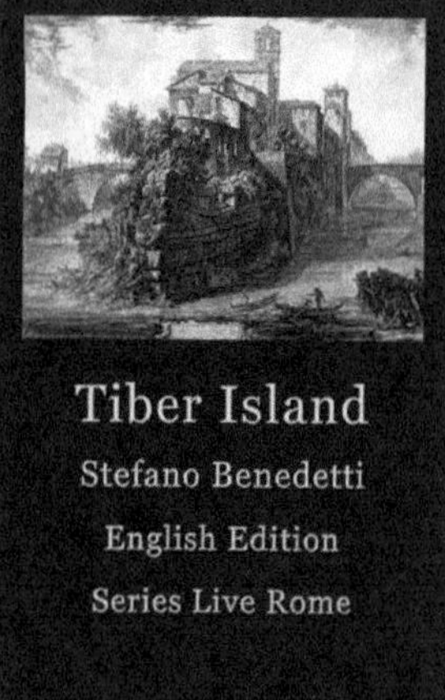

Tiber Island
Stefano Benedetti
English Edition
Series Live Rome


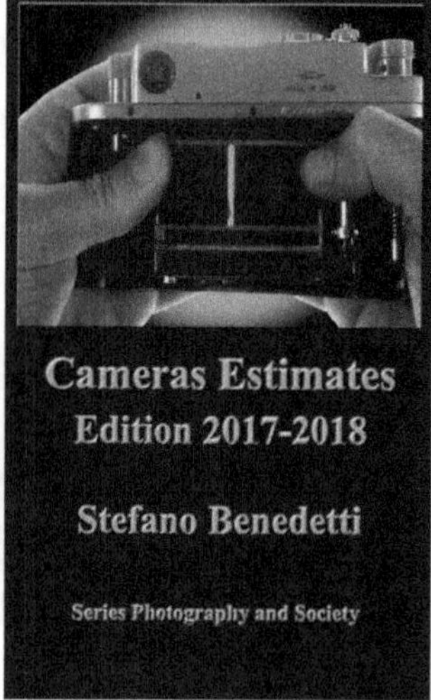

Cameras Estimates
Edition 2017-2018
Stefano Benedetti
Series Photography and Society

Cameras estimates
1900-2000
Stefano Benedetti
English edition
Series: Photography and society

## Libri multilingue

## Chi distribuisce i libri

I libri sono distribuiti in tutto il mondo da Amazon e Createspace. Altri distributori nazionali e internazionali sono: Kobo, Ilmiolibro, Mondadori, Feltrinelli...

www.ingramcontent.com/pod-product-compliance
Lightning Source LLC
Chambersburg PA
CBHW061707250726
48657CB00002B/556